Syndicat pour la protection de la propriété intellectuelle

# REVISION DE LA CONVENTION DE BERNE

*Examen du texte voté par la Conférence de Berlin*

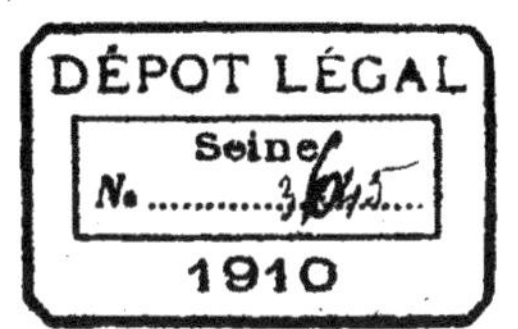


Syndicat pour la protection de la propriété intellectuelle

preuve confidentielle

# REVISION DE LA CONVENTION DE BERNE

*Examen du texte voté par la Conférence de Berlin*

RAPPORT PRÉSENTÉ AU SYNDICAT

PAR Mᵉ A. TAILLEFER
Avocat à la Cour d'appel, Secrétaire du Syndicat.

A LA SÉANCE DU 14 JANVIER 1909

La Convention de Berne vient d'être revisée au cours d'une Conférence qui s'est tenue à Berlin, du 14 octobre au 13 novembre 1908.

Continuatrice de la Conférence de Paris et obéissant à un vœu exprimé par celle-ci dans la séance du 1er mai 1896, où il avait été dit qu'il serait désirable que des délibérations de la prochaine Conférence sortît un texte unique de la Convention, la Conférence de Berlin a fait disparaître le protocole de clôture, la déclaration interprétative, l'acte additionnel de 1896 et élaboré pour la Convention revisée un texte unique comportant trente articles.

Lorsqu'on examine le texte voté à Berlin, on est tout d'abord frappé des changements profonds apportés dans la rédaction des articles dont la plupart ont été modifiés, et aussi de ce fait que le numérotage des articles ne correspond plus à celui des anciens articles de la Convention de 1886, mais, au contraire, est nouveau; cela était, en partie peut-être, nécessité par la fusion en un texte unique des dispositions contenues dans le texte primitif de la Convention, le protocole de clôture, l'acte additionnel et la déclaration interprétative du 4 mai 1896, mais, c'est regrettable en soi, d'autant plus qu'il existe dans le texte revisé un article 27 qui apparaît d'une importance capitale et sur lequel il convient avant toute chose d'attirer l'attention.



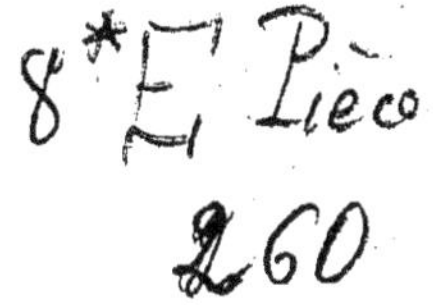

En effet, aux termes de l'article 27, il est dit que, si la présente Convention doit remplacer dans les rapports entre les Etats contractants, la Convention de Berne de 1896 et ses annexes, ces actes conventionnels resteront en vigueur avec les Etats qui ne ratifieraient pas la présente Convention, et il est ajouté que les Etats signataires de la présente Convention pourront, lors de l'échange des ratifications, déclarer qu'ils entendent sur tel ou tel point rester liés par les dispositions des conventions auxquelles ils ont souscrit antérieurement. Il résulte de ce texte, un peu inattendu, qu'en adhérant à l'acte de Berlin, les Etats signataires auront le choix entre la Convention antérieure et la Convention revisée de 1896 et celle de 1908 et en outre une série, on peut dire infinie de combinaisons obtenues en choisissant des articles dans ces différents textes et en formant ainsi, pour leur usage personnel, un texte d'ensemble nouveau, si bien que la Convention pourra, si les Etats signataires profitent de la faculté qui leur est offerte, se trouver remplacée, en fait, par une série de conventions particulières. La seule restriction qui paraisse s'imposer aux Etats dans cette œuvre de sélection est, cela va de soi, de prendre, du moins, les articles tels quels, sans en modifier le texte. Si les divers Etats profitent de la faculté que leur offre l'article 27 pour combiner, chacun pour leur usage personnel, un texte spécial, il en résultera que la Convention cessera d'exister comme texte unique s'imposant aux unionistes, et sera remplacée par une série de textes, dont chacun apparaîtra pour l'Etat qui l'aura ratifié comme une sorte de prolongement de sa législation interne, issue de l'action combinée de son parlement et de diplomates étrangers, et applicable aux seuls unionistes. C'est là une conception toute nouvelle en matière de conventions internationales. Jusqu'ici, une Convention internationale se présentait comme un texte unique accepté par les signataires. Cette idée communément admise doit être désormais abandonnée.

Si l'on ajoute à cela que, comme nous le montrerons plus loin, dans les différents articles de la Convention, un premier paragraphe pose, en général, un principe parfaitement net et orthodoxe dont le paragraphe suivant vient, comme à plaisir, obscurcir le sens et surtout rétrécir la portée, on conçoit que tous les participants de la Conférence de Berlin aient pu accepter, en faisant des réserves mentales plus ou moins importantes pour le moment de la ratification, de signer l'acte qui leur était soumis.

Le journal *le Droit d'auteur*, organe officiel de l'Union de Berne, dans une courte étude accompagnant la publication du texte officiel de la Convention, ne dissimule pas que le nouveau régime unioniste sera fort complexe, « en effet, ajoute-t-il, en vertu des réserves admises pour obtenir une adhésion unanime, les différents Etats ne sont pas tenus d'observer intégralement l'acte de 1908, ils peuvent, à leur choix, s'en tenir à la Convention primitive qui garde sa valeur ou la combiner avec les actes de Paris également, maintenus ou enfin appliquer purement et simplement la Convention régie à Berlin ». Il semble bien que, dans ce passage, *le Droit d'auteur* donne une interprétation beaucoup trop restrictive du texte de l'article 27 et qu'il soit incontestablement loisible aux Etats adhérents, comme nous le disions plus haut, de choisir, au moment de la ratification, non seulement entre le texte nouveau et l'ancien dans leur ensemble, mais encore de se rallier à un texte qui soit la combinaison des précédents; c'est la solution qu'admet l'éminent rapporteur de la Conférence de Berlin, M. le professeur Renault, dans son commentaire sur l'article 27; il émet, il est vrai, l'espoir « que les Etats unionistes n'useront qu'avec une grande modération de cette faculté, et que dans un avenir assez proche, l'uniformité, un instant rompue, s'établira complète et définitive. Le temps, ajoute-t-il, fera son œuvre, les particularités disparaîtront, les notifications dont parle le dernier article, signaleront ces dispositions successives; il viendra un temps où toutes les dispositions de notre Convention seront les seules à appliquer ». Nous voulons l'espérer avec le rapporteur, mais nous ne pouvons nous empêcher de craindre que l'application de l'article 27 n'engendre la complication et la confusion.

## Article premier

*Les pays contractants sont constitués à l'état d'Union pour la protection des droits des auteurs sur leurs œuvres littéraires et artistiques.*

C'est la rédaction de l'article 1er de la Convention d'Union de Berne et il n'appelle aucun commentaire.

### Art. 2.

*L'expression « œuvres littéraires et artistiques » comprend toute production du domaine littéraire, scientifique ou artistique, quel qu'en soit le mode ou la forme de reproduction, telle que : les livres, les brochures et autres écrits, les œuvres dramatiques ou dramatico-musicales, les œuvres chorégraphiques et les pantomimes, dont la mise en scène est fixée par écrit ou autrement; les compositions musicales avec ou sans paroles ; les œuvres de dessin, de peinture, d'architecture, de sculpture, de gravure ou de lithographie ; les illustrations, les cartes géographiques ; les plans, croquis et ouvrages plastiques, relatifs à la géographie, à la topographie, à l'architecture et aux sciences.*

*Sont protégés comme des ouvrages originaux, sans préjudice des droits de l'auteur de l'œuvre originale, les traductions, les adaptations, arrangements de musique et autres reproductions transformées d'une œuvre littéraire ou artistique, ainsi que les recueils de différentes œuvres.*

*Les pays contractants sont tenus d'assurer la protection des œuvres mentionnées ci-dessus.*

*Les œuvres d'art appliqué à l'industrie sont protégées autant que permet de le faire la législation intérieure de chaque pays.*

L'article 2 qui tient lieu de l'ancien article 4 de la Convention, donne la définition des œuvres littéraires et artistiques qui sont protégées. Au lieu d'adopter, comme le proposait l'Association littéraire et artistique internationale, une définition très générale, suivie à titre de simple commentaire, d'une énumération non limitative, il a paru aux délégués de Berlin, préférable de conserver en grande partie la forme ancienne de l'article 4, en complétant l'énumération qu'il comportait pour tenir compte, dans la mesure du possible, des vœux émis de divers côtés. Il a été décidé, en outre, que l'on distinguerait notamment les œuvres auxquelles les pays contractants devraient assurer une protection et les œuvres pour lesquelles il leur suffirait d'accorder la protection qui existerait, d'après leur législation, pour leurs œuvres nationales: d'où la rédaction de l'article. Parmi les œuvres que les pays contractants sont tenus de protéger, figurent, en outre de celles existant déjà dans la Convention de 1896, les œuvres chorégraphiques et les pantomimes qui n'étaient mentionnées que dans le protocole de clôture n° 2 sous une forme quelque peu restrictive; elles sont inscrites maintenant dans le texte même de la Convention, mais avec cette restriction que la mise en scène doit être fixée *par écrit ou autrement*, cette définition est le résultat d'un accord entre les délégués allemands et italiens.

Parmi les œuvres de dessin, de peinture, etc., sont explicitement mentionnées, cette fois, les œuvres d'architecture reléguées jusqu'ici dans le protocole de clôture, c'est là une addition à laquelle on ne peut qu'applaudir.

D'après le second paragraphe, doivent être protégés comme ouvrages originaux, mais sous réserve des droits de l'auteur de l'œuvre, les traductions, qu'elles soient licites ou non, les adaptations, les arrangements de musique et autres transformations d'une œuvre littéraire et artistique, ainsi que les recueils de différentes œuvres; c'est avec raison, selon nous, que l'on a fait disparaître le mot *licite*, qui figure à l'article 6 de la Convention actuelle, pour limiter la protection aux traductions ne faisant pas échec aux droits de l'auteur; cela permettra, entre autres choses, aux traducteurs de défendre leurs œuvres sans avoir à justifier de l'autorisation de l'auteur, tout en réservant pleinement les droits de celui-ci. Par recueil de différentes œuvres, il faut entendre, d'après le rapporteur, un travail consistant à réunir diverses œuvres suivant un plan déterminé et si le plan ou la combinaison constitue une œuvre personnelle, la protection est due, quelle que soit la nature des matériaux employés, qu'ils soient empruntés ou non au domaine public; toutefois, les collections (bibliothèques, samlungs, séries), entreprises par un éditeur ne devraient pas être considérées comme un recueil. au sens de l'article; l'imitation de semblables collections par un concurrent ne constitue qu'un fait de concurrence déloyale et non une atteinte au droit d'auteur.

Les œuvres ainsi énumérées dans les deux premiers alinéas de l'article 1er du projet, *ont droit à la protection*, et les pays contractants doivent l'assurer, mais on peut se demander quelle sera la sanction en cas d'inexécution. Comme le remarque le rapport, « les pays dont la législation ne protégera pas une œuvre de ce genre seront en faute... » Quelle sera la sanction?

des représentations diplomatiques? — on peut douter de leur efficacité.

Bien qu'il eût été, à coup sûr, préférable d'accepter complètement la rédaction de l'Association littéraire et artistique internationale, l'article 2 mériterait toute approbation s'il comprenait, dans son énumération, les photographies qui font à tort l'objet d'un article distinct, l'article 3, que nous retrouverons plus loin, et si surtout s'il ne se terminait pas par un paragraphe visant spécialement les œuvres d'art appliqué à l'industrie et disant que ces œuvres ne sont protégées qu'autant que le permet la législation intérieure de chaque pays. Cette disposition est profondément regrettable; elle est due à la résistance irréductible des délégués anglais qui ont combattu une proposition faite par les délégués d'Allemagne, de Belgique, de France et d'Italie tendant à faire entrer dans l'énumération générale les œuvres d'art appliqué à l'industrie, sans, pour cela, prétendre en faire une classe à part, bien au contraire, proposition qui, à la demande de la délégation française, devait être complétée par l'indication générale que les œuvres ainsi énumérées devaient être protégées, *quels que fussent leur mérite et leur destination.*

Dans ces conditions, si toute entente sur ce point semblait impossible, il eût assurément mieux valu supprimer ce paragraphe. Pour la première fois, les œuvres d'art appliqué figurent dans une convention internationale et elles y sont considérées comme constituant une catégorie à part qu'il faudrait alors définir, et cela est impossible! C'est la négation des efforts faits depuis de longues années en France par tous ceux qui s'intéressent aux questions artistiques et à la prospérité des industries d'art de notre pays. Leur but constant, qui avait trouvé son expression dans la loi française du 11 mars 1902, était de faire disparaître les distinctions arbitraires et irrationnelles entre les différentes catégories d'art et d'assurer ainsi à toutes les manifestations artistiques, quels qu'en fussent la valeur, le but et la portée, une égale protection. Au moment où on pouvait espérer que la doctrine de l'unité de l'art allait triompher et que les industries d'art ne rencontreraient plus à l'étranger les mêmes obstacles pour la défense de leurs droits, une malencontreuse addition de l'article 2 vient tout remettre en question. On peut se demander si, dans ces circonstances, ce ne serait pas le cas pour la France, si la Convention doit être ratifiée, de profiter de la faculté offerte par l'article 27 d'abandonner le nouvel article 2 pour s'en tenir aux articles correspondants des anciens textes. Mais, même avec cette façon de faire, si d'autres Etats acceptaient l'article, le mal subsisterait.

### Art. 3.

*La présente Convention s'applique aux œuvres photographiques et aux œuvres obtenues par un procédé analogue à la photographie. Les pays contractants sont tenus d'en assurer la protection.*

Les photographies, spécialement visées à l'article 3, figuraient dans le numéro 1 du protocole de clôture de 1886 et à l'article 2 de l'acte additionnel de Paris. Elles sont inscrites maintenant dans le corps même de la Convention et les pays contractants sont tenus d'en assurer la protection, mais elles y ont toujours une situation à part, ce que rien ne justifie. Nous les retrouverons, plus loin encore, dans l'article 7, où il est question de la durée de protection. Il n'a pas été possible, cette fois encore, de faire accepter, par les plénipotentiaires de Berlin, cette idée si simple et si logique, consistant à considérer les œuvres photographiques comme protégeables au même titre que les dessins, gravures, etc., dont, si on ne connaissait le mode opératoire qui permet de les obtenir, rien ne les distinguerait.

### Art. 4.

*Les auteurs ressortissants de l'un des pays de l'Union jouissent, dans les pays autres que le pays d'origine de l'œuvre, pour leurs œuvres soit non publiées, soit publiées pour la première fois dans un pays de l'Union, des droits que les lois respectives accordent actuellement ou accorderont par la suite aux nationaux, ainsi que des droits spécialement accordés par la présente Convention.*

*La jouissance et l'exercice de ces droits ne sont subordonnés à aucune formalité ; cette jouissance et cet exercice sont indépendants de l'existence de la protection dans le pays d'origine de l'œuvre. Par suite, en dehors des stipulations de la présente Convention l'étendue de la protection ainsi que les moyens de recours garantis à l'auteur pour sauvegarder ses droits, se règlent exclusivement d'après la législation du pays où la protection est réclamée.*

*Est considéré comme pays d'origine de l'œuvre: pour les œuvres, non publiées, celui auquel appartient l'auteur ; pour les œuvres publiées, celui de la première publication, et pour les œuvres publiées simultanément dans plusieurs pays de l'Union, celui d'entre eux dont la législation accorde la protection la plus courte. Pour les œuvres publiées simultanément dans un pays étranger à l'Union, et dans un pays de l'Union, c'est ce dernier pays qui est exclusivement considéré comme pays d'origine.*

*Par œuvres publiées, il faut, dans le sens de la présente Convention entendre les œuvres éditées. La représentation d'une œuvre dramatique ou dramatico-musicale, l'exposition d'une œuvre d'art et la construction d'une œuvre d'architecture ne constituent pas une publication.*

L'article 4 contient une des innovations les plus importantes de la nouvelle Convention, puisqu'il modifie le mode d'application de la protection des œuvres qui en font l'objet; il remplace l'article 2 de la Convention de 1896 revisée à Paris et le second de la déclaration interprétative de 1896.

Dans la Convention actuelle, les auteurs ressortissants de l'un des pays de l'Union, jouissent, dans les autres pays, pour leurs œuvres, soit non publiées, soit publiées pour la première fois dans un pays de l'Union, des droits que les lois respectives accordent actuellement ou accorderont, par la suite, aux nationaux; cette règle est maintenue dans le nouvel article, on est même allé plus loin et à ce traitement national s'ajoutent désormais certains droits accordés par la présente Convention: Tandis qu'aujourd'hui la jouissance des droits est subordonnée à l'accomplissement des conditions et formalités du pays d'origine, et ne peut excéder, dans les autres pays, la durée de protection accordée dans ledit pays d'origine, d'après le paragraphe 2 de l'article 4 nouveau, la jouissance et l'exercice de ces droits ne sont plus subordonnés à aucune formalité et sont indépendants de l'existence de la protection dans le pays d'origine. En conséquence, en dehors des stipulations de la Convention nouvelle, l'étendue de la protection et les moyens de recours garantis à l'auteur pour sauvegarder ses droits, se règlent exclusivement d'après la législation du pays où la protection est réclamée. C'est le principe de l'*indépendance* qui, sur la demande persistante de la délégation allemande, a été accueilli.

De la lecture de ce paragraphe, il semble résulter que cette indépendance sera désormais absolue, et on est amené à en conclure logiquement que la durée de protection de l'œuvre sera exclusivement réglée d'après la loi interne du pays où la protection est réclamée; c'est cependant une erreur, car, plus loin, l'article 7, réglant la durée de la protection, vient détruire, en grande partie, le principe posé dans l'article 4. La délégation française s'appropriant la proposition de l'Association littéraire et artistique internationale, avait accepté le principe de l'indépendance des droits, tel qu'il était formulé par elle, c'est-à-dire complété par l'établissement d'une durée de protection qui serait uniformément la même dans tous les pays de l'Union et comprendrait la vie de l'auteur et cinquante ans après sa mort; les deux propositions étant ainsi liées, l'indépendance des droits ne pouvait offrir de désavantage; au contraire, dissociée des règles relatives à la durée, elle eût conduit à des conséquences absolument inadmissibles, si, bien après, dans l'article 7, il n'avait été écrit, par une sorte de correctif, qu'en tous cas, la durée de protection ne pourrait dépasser la durée fixée dans le pays d'origine de l'œuvre; c'est pour cette raison que, lorsque la proposition française, seule simple et logique, eut été repoussée et que l'on décida de discuter séparément l'indépendance des droits et la durée de protection, quand on eut accepté, d'une façon complète, la première proposition, et seulement imparfaitement la seconde, il fallut maintenir dans l'article 4 un paragraphe pour définir, comme dans la Convention actuelle, quel pays devait être considéré comme le pays d'origine de l'œuvre; on ne s'explique pas, avant d'avoir lu l'ensemble de la Convention, le maintien de cette définition dans un article qui proclame l'indépendance des droits.

Il résulte de l'article, tel qu'il est rédigé, cette conséquence quelque peu singulière que, si une œuvre publiée en Italie, par exemple, est tombée dans le domaine public en Italie, dès sa naissance, par non-exécution d'une formalité prescrite par la loi interne, elle devra être protégée dans les différents Etats de l'Union, pendant toute la durée normale fixée par la loi interne du pays où la protection est réclamée et, notamment en France, pendant la vie de l'auteur et cinquante ans après sa mort; si, au contraire, une œuvre est publiée en Allemagne, par exemple, où la durée de protection accordée par la loi allemande est la vie de l'auteur et trente ans après sa mort, et y est effectivement protégée, elle ne pourra être protégée en France, et partout ailleurs dans l'Union, que pendant trente années, puisqu'aux termes de l'article 7, que nous rencontrerons plus loin, la durée de protection dans un des pays de l'Union ne peut excéder la durée de protection à l'étranger. Il semble donc qu'au point de vue international, il puisse y avoir intérêt pour une œuvre à ne pas être protégée dans son pays d'origine.

D'autre part, le nouvel article parle de la suppression des formalités, mais est muet sur *les conditions* et le rapport, sentant pour ainsi dire la lacune, et cherchant à la combler, se contente de dire, un peu facilement peut-être, que si l'article ne parle que des formalités, on entend viser cependant les conditions et formalités que mentionne la Convention de 1886. Mais le texte est muet en ce qui concerne les conditions et le rapport ne peut y suppléer et on pourrait être tenté de se demander, si les conditions de protection inscrites dans les lois internes, ne devront pas être observées dans les pays où la protection sera réclamée. s'il ne faudra pas, sous le nouveau régime que, pour défendre ses droits devant les tribunaux de France ou d'Angleterre, un Allemand, par exemple, dépose son œuvre en France ou en Angleterre, la production du certificat de dépôt étant, dans ces pays, une condition pour pouvoir poursuivre le contrefacteur. Il est bien à présumer que, sinon en France, du moins en Angleterre, pays essentiellement formaliste, l'objection sera faite, et il n'est pas impossible qu'elle soit accueillie par les juges anglais. On peut se demander alors où serait le progrès, ce serait bien plutôt un recul sur l'état de choses actuel que nous aurions à enregistrer. L'accomplissement des conditions et formalités dans le pays d'origine de l'œuvre ne présente jamais de grandes difficultés, il en serait tout autrement, dans l'avenir, s'il fallait, dans chaque pays où l'on veut être protégé, satisfaire aux conditions imposées par la loi interne. En réalité, cependant, il est certain, comme le dit le rapport, accepté dans ses termes par l'unanimité des diplomates présents, que l'intention des signataires a été la suppression de toutes *conditions* et *formalités* et c'est en ce sens que la Convention nouvelle devrait sainement être interprétée.

Art. 5.

*Les ressortissants de l'un des pays de l'Union, qui publient pour la première fois leurs œuvres dans un autre pays de l'Union, ont, dans ce dernier pays, les mêmes droits que les auteurs nationaux.*

Les dispositions de l'article 4 de la Convention étaient suffisantes pour régler la situation des ressortissants de l'Union. En effet, aux termes de l'alinéa 1er, la protection leur est assurée dans les pays de l'Union autres que le pays d'origine de l'œuvre. S'ils sont ressortissants du pays d'origine de l'œuvre, la Convention n'a pas à se préoccuper de la situation qui leur est faite dans ce pays, par la loi interne; s'ils ne sont pas ressortissants du pays, leur œuvre y est naturalisée par le fait même de sa publication et ils sont assimilés, d'après la législation de presque tous les pays de l'Union aux auteurs nationaux; toutefois la délégation allemande a demandé que cette situation fût expressément réglée, cela ne pouvait faire difficulté: c'est l'objet de l'article 5.

Art. 6.

*Les auteurs ne ressortissant pas à l'un des pays de l'Union, qui publient pour la première fois leurs œuvres dans l'un de ces pays, jouissent dans ce pays des mêmes droits que les auteurs nationaux, et dans les autres pays de l'Union des droits accordés par la présente Convention.*

Le principe relevé dans l'article 6 est appliqué aux auteurs ne ressortissant pas à l'un des pays de l'Union, qui publient pour la première fois leurs œuvres dans l'un de ces pays, ils jouissent dans ce pays des mêmes droits que les nationaux et, dans les pays de l'Union, des droits accordés par la Convention. C'est le développement et l'amélioration de l'article 3 de la Convention de 1886.

Art. 7.

*La durée de la protection accordée par la présente Convention comprend la vie de l'auteur et cinquante ans après sa mort.*

*Toutefois, dans le cas où cette durée ne serait pas uniformément adoptée par tous les pays de l'Union, la durée sera réglée par la loi du pays où la protection sera réclamée et elle ne pourra excéder la durée fixée dans le pays d'origine de l'œuvre. Les pays contractants ne seront en conséquence tenus d'appliquer la disposition de l'alinéa précédent que dans la mesure où elle se concilie avec leur droit interne.*

*Pour les œuvres photographiques et les œuvres obtenues par un procédé analogue à la photographie, pour les œuvres posthumes, pour les œuvres anonymes ou pseudonymes, la durée de la protection est réglée par la loi du pays où la protection est réclamée, sans que cette durée puisse excéder la durée fixée dans le pays d'origine de l'œuvre.*

Si l'on s'en était tenu au premier paragraphe, l'article 7 serait, à coup sûr, excellent, et il réaliserait un progrès incontestable qui serait de nature à racheter, sur d'autres points, bien des imperfections. Réaliser l'uniformité de protection, quant à la durée dans les divers pays de l'Union, était une chose de première importance. C'est ce que la délégation française a demandé, mais en vain, en faisant de cette égalité de durée une condition nécessaire de la proclamation de l'indépendance des droits; elle s'est heurtée aux résistances allemandes et encore bien plus à celles de la délégation britannique; aussi, pour obtenir une adhésion à ce principe, adhésion qu'on peut craindre malheureusement de pure forme pour certains pays, on a été conduit à ajouter à l'article un second paragraphe qui détruit tout l'effet du premier, puisqu'il est dit que dans le cas où la durée précédemment fixée ne serait pas unanimement adoptée par tous les pays de l'Union la durée de protection serait réglée par la loi du pays où la protection est réclamée sans pouvoir excéder la durée de protection du pays d'origine de l'œuvre, et qu'alors, ainsi qu'il est d'ailleurs écrit expressément dans l'article, les pays contractants ne seront tenus d'appliquer les dispositions du paragraphe 1er que dans la mesure où elles se concilieraient avec leur droit interne.

Avec la rédaction adoptée, à considérer l'article isolément, on peut se demander si, contrairement à ce que nous avons été conduits à dire en examinant l'article 4, lorsqu'une œuvre restera dénuée de protection dans son pays d'origine, par suite, par exemple, de non-observation des formalités de la loi interne, elle devra, dans le pays où la protection sera réclamée, être protégée pendant toute la durée accordée par la loi de ce pays ou seulement pendant la durée pour laquelle elle aurait été protégée dans ce pays d'origine, si la protection avait commencé à courir en sa faveur. Par contre, en rapprochant les deux articles 4 et 7, il semble que la solution indiquée à propos de l'article 4 s'impose.

Dans le troisième paragraphe de l'article 7, sont enfin mentionnées les œuvres photographiques et les œuvres posthumes, anonymes et pseudonymes. Pour toutes les œuvres, la durée de protection est réglée par la loi du pays où la protection est réclamée, sans que cette durée puisse excéder celle fixée dans le pays d'origine de l'œuvre.

La situation pour les œuvres photographiques reste donc ce qu'elle était avant, sans qu'il ait été possible d'arriver à une entente comme le demandait, à titre subsidiaire, la délégation française, pour inscrire dans le texte un minimum de durée de protection, de quinze ans par exemple.

## Art. 8.

*Les auteurs d'œuvres non publiées ressortissants à l'un des pays de l'Union, et les auteurs d'œuvres publiées pour la première fois dans un de ces pays, jouissent dans les autres pays de l'Union, pendant toute la durée du droit sur l'œuvre originale, du droit exclusif de faire ou d'autoriser la traduction de leurs œuvres.*

L'article 8 assimile pleinement le droit de traduction au droit de publication, on ne peut qu'approuver cette réforme qui était demandée depuis longtemps dans les Congrès et figurait parmi celles préconisées par l'Association littéraire et artistique internationale. Toutefois, le rapport de M. Renault fait connaître que, dans la discussion, des oppositions assez vives se sont manifestées contre la teneur de cet article; des réserves formelles ont été faites, notamment par les Pays-Bas et la délégation japonaise, qui avait même fait une proposition absolument contraire. Si ces pays, notamment, n'en ont pas moins signé le texte de la nouvelle Convention, c'est vraisemblablement qu'ils pensaient à la liberté que leur laissait l'article 27 et l'on peut craindre, par application de l'article 27, que cet article 8, d'une importance indiscutable, ne soit repoussé lors de l'échange des ratifications par un assez grand nombre d'Etats.

ART. 9.

*Les romans-feuilletons, les nouvelles et toutes autres œuvres, soit littéraires, soit scientifiques, soit artistiques, quel qu'en soit l'objet, publiés dans les journaux ou recueils périodiques d'un des pays de l'Union, ne peuvent être reproduits dans les autres pays sans le consentement de l'auteur.*

*A l'exclusion des romans-feuilletons et des nouvelles, tout article de journal peut être reproduit par un autre journal, si la reproduction n'en est pas expressément interdite. Toutefois, la source doit être indiquée ; la sanction de cette obligation est déterminée par la législation du pays où la protection est réclamée.*

*La protection de la présente Convention ne s'applique pas aux nouvelles du jour ou aux faits divers qui ont le caractère de simples informations de presse.*

L'article 9 a trait aux articles de journaux. Alors que l'ancien article 7 auquel il correspond, exigeait, exception faite pour les romans-feuilletons et les nouvelles, pour qu'un auteur pût empêcher la production, l'apposition d'une mention de réserve, le nouvel article, dans un premier paragraphe, proclame, avec raison, le principe que les romans-feuilletons, les nouvelles et toutes autres œuvres, soit littéraires, soit scientifiques, soit artistiques, publiées dans les journaux ou recueils périodiques, ne peuvent être reproduits sans le consentement des auteurs; toutefois, suivant une règle malheureusement trop fréquemment usitée dans la nouvelle convention, un second paragraphe atténue singulièrement le principe posé dans le premier, en déclarant que, sauf interdiction expresse, tout article de journal, à l'exception des romans-feuilletons et des nouvelles, peut être reproduit par un autre journal, sous réserve, toutefois, d'en indiquer la source. Cette nécessité d'indiquer la source, constitue évidemment un progrès, mais bien minime, et seuls encore les romans-feuilletons et les nouvelles profitent encore aujourd'hui d'un traitement de faveur. Il y a lieu, toutefois, de remarquer que le mot *recueil* ne se retrouvant pas reproduit dans le second paragraphe, le principe posé dans le premier s'appliquerait tout au moins d'une façon complète aux recueils.

Un dernier paragraphe exclut de la protection de la Convention, les nouvelles du jour et les faits divers ayant un caractère d'informations de presse, ce qui est d'accord, du moins pour la France, avec la jurisprudence des tribunaux.

### Art. 10.

*En ce qui concerne la faculté de faire licitement des emprunts à des œuvres littéraires ou artistiques pour des publications destinées à l'enseignement ou ayant un caractère scientifique, ou pour des chrestomathies, est réservé l'effet de la législation des pays de l'Union et des arrangements particuliers existants ou à conclure entre eux.*

L'article 10, relatif aux chrestomathies, est la reproduction pure et simple de l'ancien article 8 de la Convention de 1886.

### Art. 11.

*Les stipulations de la présente Convention s'appliquent à la représentation publique des œuvres dramatiques ou dramatico-musicales, et à l'exécution publique des œuvres musicales, que ces œuvres soient publiées ou non.*

*Les auteurs d'œuvres dramatiques ou dramatico-musicales sont, pendant la durée de leur droit sur l'œuvre originale, protégés contre la représentation publique non autorisée de la traduction de leur ouvrage.*

*Pour jouir de la protection du présent article, les auteurs en publiant leurs œuvres ne sont pas tenus d'en interdire la représentation ou l'exécution publique.*

L'article 11 a trait à l'exécution publique des œuvres musicales, à la représentation des œuvres dramatiques ou dramatico-musicales et se caractérise par la suppression, déjà désirée en 1896, de la mention de réserve que les compositeurs étaient astreints à mettre sur leurs œuvres, s'ils ne voulaient pas s'exposer à les voir exécuter librement et sans leur autorisation. Il y a là, à coup sûr, un progrès, mais il reste à compter avec les législations nationales qui peuvent, dans des conditions déterminées, autoriser, en dépit du consentement de l'auteur, l'exécution de certaines œuvres.

Le deuxième paragraphe de l'article est, en grande partie, emprunté à l'article 9 de l'ancienne Convention, mais sa rédaction a été modifiée pour tenir compte de la réforme adoptée en ce qui concerne le droit de traduction. On s'était demandé si le traducteur dont l'œuvre est protégée, possède également le droit de représentation publique de sa traduction sous la réserve du droit de l'auteur de l'œuvre originale. Il semble, comme le remarque M. Renault dans son rapport, que l'on puisse répondre que, du moment que la traduction est protégée comme un ouvrage original, le traducteur peut revendiquer tous les droits de l'auteur, toujours à la condition qu'il ne soit porté aucun préjudice aux droits de l'auteur de l'œuvre originale.

### ART. 12.

*Sont spécialement comprises parmi les reproductions illicites auxquelles s'applique la présente Convention, les appropriations indirectes non autorisées d'un ouvrage littéraire ou artistique, transformation d'un roman, d'une nouvelle ou d'une poésie, en pièce de théâtre et réciproquement, etc., lorsqu'elles ne sont que la reproduction de cet ouvrage, dans la même forme ou sous une autre forme, avec des changements, additions ou retranchements non essentiels, et sans présenter le caractère d'une nouvelle œuvre originale.*

L'article 12 correspond à l'article 10 de la Convention de 1886, il en reproduit les termes avec adjonction dans l'énumération non limitative qui y est faite, de la transformation d'un roman, d'une nouvelle ou d'une poésie en pièce de théâtre et réciproquement, il n'y a pas lieu d'y insister.

Art. 13.

*Les auteurs d'œuvres musicales ont le droit exclusif d'autoriser: 1° l'adaptation de ces œuvres à des instruments servant à les reproduire mécaniquement; 2° l'exécution publique des mêmes œuvres au moyen de ces instruments.*

*Des réserves et conditions relatives à l'application de cet article pourront être déterminées par la législation intérieure de chaque pays, en ce qui le concerne, mais toutes réserves et conditions de cette nature n'auront qu'un effet strictement limité au pays qui les aurait établies.*

*La disposition de l'alinéa 1° n'a pas d'effet rétroactif, et par suite, n'est pas applicable dans un pays de l'Union, aux œuvres qui, dans ce pays auront été adaptées licitement aux instruments mécaniques avant la mise en vigueur de la présente Convention.*

*Les adaptations faites en vertu des alinéas 2 et 3 du présent article et importées, sans autorisation des parties intéressées, dans un pays où elles ne seraient pas licites, pourront y être saisies.*

L'article 13, dans un premier paragraphe, tranche la question si controversée dans ces dernières années en jurisprudence, de l'adaptation des œuvres musicales aux instruments mécaniques, et reconnaît à l'auteur le droit exclusif d'autoriser l'adaptation de ses œuvres aux instruments mécaniques et aussi l'exécution publique de ces mêmes œuvres au moyen de ces instruments; l'édition et l'exécution sont ainsi, dans cet article, mises sur le même pied. On se rappelle que, au contraire, au numéro 3 du protocole de clôture de la Convention de 1886, il était dit que la fabrication et la vente des instruments servant à reproduire mécaniquement des airs de musique appartenant au domaine privé ne sont pas considérés comme constituant des faits de contrefaçon musicale.

Le principe posé dans le premier paragraphe apparaît comme à l'abri de toute critique; l'on peut regretter, cependant, puisque l'on proclamait le droit des auteurs sur leurs œuvres musicales, que mention n'ait pas été faite des œuvres littéraires, bien qu'en fait, d'après l'historique de la question, aucun doute ne puisse subsister, et qu'*a fortiori* les œuvres littéraires soient protégées contre les reproductions mécaniques. On peut se demander, néanmoins, si on ne cherchera pas un jour, par un argument *a contrario*, à soutenir que la protection ne s'étend pas aux œuvres simplement littéraires, et à prétendre qu'elles pourraient être librement adaptées aux instruments mécaniques. Un texte complet eût été préférable, quoique, à vrai dire, l'argument n'ait aucune chance de triompher, si on prétendait s'en prévaloir.

Un second paragraphe indique que des réserves et conditions relatives à l'application de l'article pourront être inscrites dans la législation intérieure de chaque pays, chacun en ce qui le concerne; c'est affaiblir considérablement la portée du principe qui vient d'être posé, et, en fait, laisser subsister pour beaucoup de pays, notamment pour la France, la situation défavorable actuelle dont se plaignent les auteurs d'œuvres musicales.

Une nouvelle restriction est apportée au principe posé, dans un troisième paragraphe qui spécifie que les dispositions de l'alinéa 1er n'ont pas d'effet rétroactif et, par suite, sont inapplicables *aux œuvres* qui, dans un pays de l'Union, auront été adaptées licitement aux instruments de musique avant la mise en vigueur de la présente Convention.

Que les dispositions nouvelles ne s'appliquent pas rétroactivement aux faits d'édition précédemment accomplis, cela semble juste; on concevrait difficilement qu'une taxe ou redevance vînt frapper des éditions antérieures à la proclamation du nouveau principe, mais on peut regretter la rédaction adoptée qui parle, non pas des exemplaires, mais des *œuvres* elles-mêmes, si bien qu'il est permis de penser que, par application de ce texte, les fabricants qui se seront précédemment soustraits aux redevances qu'ils auraient dû payer au compositeur resteront dans la suite et pour les éditions futures des œuvres ainsi appropriées par eux, affranchis de toute redevance. Ce n'est pas, évidemment, ce qu'ont voulu les signataires, et, pour être en conformité d'idées avec eux, il faudrait entendre *œuvres* dans le sens d'*exemplaires publiés.*

Une autre critique doit être formulée au sujet de la rédaction: l'alinéa 1er mettant sur le même pied l'adaptation des œuvres aux instruments de musique mécaniques et l'exécution publique de ces œuvres au moyen de ces instruments, ne pourrait-on pas être tenté de soutenir, par combinaison de cette disposition avec l'alinéa 3 que pour les œuvres qui, dans un pays, ont été adaptées licitement aux instruments mécaniques avant la mise en vigueur de la présente Convention, le droit d'exécution sera libre dans l'avenir, tout comme le droit d'adaptation. Telle n'est certainement pas ici encore la pensée des rédacteurs de la Convention, telle ne serait pas, très vraisemblablement, l'interprétation qu'en donneraient les tribunaux, puisque ainsi, la Convention aurait un effet rétroactif en portant atteinte à des droits qui existaient auparavant et n'étaient pas discutés; mais c'est déjà trop que le texte accepté puisse prêter, même un instant, à semblable équivoque.

Un dernier paragraphe a trait à la possibilité de saisir les adaptations faites en vertu des alinéas 2 et 3, à l'importation dans les pays où elles ne seraient pas licites, cela apparaît comme de toute évidence, et il semble que ce dernier paragraphe n'était pas indispensable.

### Art. 14.

*Les auteurs d'œuvres littéraires, scientifiques ou artistiques ont le droit exclusif d'autoriser la reproduction et la représentation publique de leurs œuvres par la cinématographie.*

*Sont protégées comme œuvres littéraires ou artistiques les productions cinématographiques lorsque par les dispositifs de la mise en scène ou les combinaisons des incidents representés, l'auteur aura donné à l'œuvre un caractère personnel et original.*

*Sans préjudice des droits de l'auteur de l'œuvre originale, la reproduction par la cinématographie d'une œuvre littéraire, scientifique ou artistique est protégée comme une œuvre originale.*

*Les dispositions qui précèdent s'appliquent à la reproduction ou production obtenue par tout autre procédé analogue à la cinématographie.*

L'article 14 apporte une note toute moderne dans la Convention, il traite des reproductions cinématographiques.

Dans un premier paragraphe, il est indiqué, ce qui est conforme aux principes généraux, que les auteurs d'œuvres ont le droit exclusif d'autoriser la reproduction et la représentation publique de leurs œuvres par la cinématographie. Un article spécial n'était pas pour cela indispensable, et il eût suffi, pour prévoir le cas, d'une légère adjonction à l'énumération de l'article 12.

Dans le second paragraphe, on vise le cas où la cinématographie n'est pas simplement employée comme instrument de reproduction ou d'adaptation, mais sert à manifester une création. Fréquemment il arrive, en effet, que l'on imagine un sujet, dispose des scènes, règle les mouvements, figures, etc. dans le seul but d'enregistrer par le cinématographe la manifestation scénique ainsi créée; il était naturel de protéger les résultats de ce travail intellectuel spécial. Toutefois, la rédaction, prête encore ici, semble-t-il, à critique: il est dit, en effet, que, pour que les productions cinématographiques soient protégées, il faut que l'auteur ait donné à l'œuvre un caractère personnel et original. Si l'on prenait le texte à la lettre, il s'ensuivrait que la cinématographie d'une cérémonie que l'auteur de la bande cinématographique n'aurait pas organisée, comme, par exemple, le cortège du pape entrant à Saint-Pierre, ne pourrait constituer un droit de propriété; c'est évidemment contraire à la pensée des rédacteurs de la Convention et, dans ce cas, la protection accordée à l'œuvre cinématographiée devrait être, tout au moins, celle que le photographe dans des conditions analogues aurait pour son cliché.

Les productions cinématographiques étant protégées d'après l'alinéa 2 comme œuvres littéraires et artistiques, il reste néanmoins cette conséquence assez curieuse que l'auteur d'une scène cinématographique la plus simple sera protégé pendant la durée fixée par la loi interne pour les œuvres littéraires et artistiques, et qui sera, par exemple, pour l'Allemagne, la vie de l'auteur et trente ans après sa mort, tandis que le photographe qui aura combiné le même portrait, la même scène, etc., et qui, au lieu d'obtenir la série des clichés qui constitue la bande cinématographique, ne produira qu'un cliché unique, ne sera protégé, dans cette même Allemagne, que pendant cinq ans, à dater de la création de l'œuvre; cela montre combien, lorsqu'on persiste à s'écarter des vrais principes qui exigent, aussi bien au point de vue de la durée qu'à tout autre, l'assimilation de la photographie aux autres œuvres d'art, on arrive à des conséquences singulières et inattendues.

Un dernier paragraphe prévoit que, sous réserve des droits de l'auteur de l'œuvre originale, la reproduction par le cinématographe est protégée comme une œuvre originale: c'est l'application des principes posés à l'article 2, alinéa 3 de la Convention.

### Art. 15.

*Pour que les auteurs des ouvrages protégés par la présente Convention soient, jusqu'à preuve contraire, considérés comme tels et admis en conséquence devant les tribunaux des divers pays de l'Union, à exercer des poursuites contre les contrefacteurs, il suffit que leur nom soit indiqué sur l'ouvrage en la manière usitée.*

*Pour les œuvres anonymes ou pseudonymes, l'éditeur dont le nom est indiqué sur l'ouvrage est fondé à sauvegarder les droits appartenant à l'auteur. Il est, sans autres preuves, réputé ayant cause de l'auteur anonyme ou pseudonyme.*

L'article 15 est relatif aux justifications à faire en cas de poursuites, il est emprunté à l'article 2 de la Convention de 1886, il en traduit les termes à l'exception du dernier paragraphe qui, après l'adoption du principe de l'indépendance des droits, devait nécessairement disparaître.

### Art. 16.

*Toute œuvre contrefaite peut être saisie par les autorités compétentes des pays de l'Union où l'œuvre originale a droit à la protection légale.*

*Dans ces pays, la saisie peut aussi s'appliquer aux reproductions provenant d'un pays où l'œuvre n'est pas protégée ou a cessé de l'être.*

*La saisie a lieu conformément à la législation intérieure de chaque pays.*

L'article 16, relatif à la saisie des œuvres contrefaites est emprunté à l'article 12 de la Convention de 1886 revisée à Paris, auquel il a été ajouté, à la demande de la délégation italienne, un paragraphe indiquant que la saisie peut s'appliquer aux reproductions provenant d'un pays où l'œuvre n'est pas protégée ou a cessé de l'être. Cette disposition doit être approuvée et a été acceptée sans difficultés par la Conférence de Berlin; elle est la conséquence logique de l'indépendance des droits.

## Art. 17.

*Les dispositions de la présente Convention ne peuvent porter préjudice, en quoi que ce soit, au droit qui appartient au gouvernement de chacun des États de l'Union de permettre, de surveiller, d'interdire, par des mesures de législation ou de police intérieure, la circulation, la représentation, l'exposition de tout ouvrage ou production à l'égard desquels l'autorité compétente aurait à exercer ce droit.*

L'article 17 vise le droit de police conservé par chacun des Etats, il est la reproduction de l'article 13 de la Convention de 1886.

## Art. 18.

*La présente Convention s'applique à toutes œuvres qui, au moment de son entrée en vigueur, ne sont pas encore tombées dans le domaine public de leur pays d'origine par l'expiration de la durée de la protection.*

*Cependant, si une œuvre, par l'expiration de la durée de protection qui lui était antérieurement reconnue, est tombée dans le domaine public du pays où la protection est réclamée, cette œuvre n'y sera pas protégée à nouveau.*

*L'application de ce principe aura lieu suivant les stipulations contenues dans les conventions spéciales existantes ou à conclure à cet effet entre les pays de l'Union. A défaut de semblables stipulations, les pays respectifs régleront, chacun pour ce qui le concerne, les modalités relatives à cette application.*

*Les dispositions qui précèdent s'appliquent également en cas de nouvelles accessions à l'Union et dans le cas où la durée de la protection serait étendue par application de l'article 7.*

L'article 18, relatif à la rétroactivité, est emprunté, en partie, à l'article 14 de la Convention de 1886 et au numéro 4 du protocole de clôture.

Il tient compte nécessairement du nouveau principe posé par l'article 4, alinéa 2 du projet, d'après lequel, sauf la réserve en ce qui concerne la durée (art. 7, alinéa 2), la protection peut être réclamée dans un pays pour une œuvre qui n'est pas ou qui n'est plus protégée dans le pays d'origine; avec ce nouveau texte, il n'y aurait plus à tenir compte de ce qu'une œuvre serait tombée dans le domaine public au pays d'origine par omission de certaines formalités; cela ne fait pas obstacle à ce que le bénéfice de la Convention puisse être invoqué pour elle dans les autres pays où elle serait protégée valablement. Mais il ne peut en être ainsi dans le cas où l'œuvre, dans le pays d'origine, serait tombée dans le domaine public par la durée légale de protection. On voit combien est singulier, ainsi que nous l'avons fait remarquer plus haut, ce système nouveau de la Convention qui a introduit le principe de l'indépendance de la protection, tout en maintenant, faute de pouvoir arriver à une entente complète sur la durée de protection, la considération de la durée de cette protection dans le pays d'origine de l'œuvre.

### Art. 19.

*Les dispositions de la présente Convention n'empêchent pas de revendiquer l'application de dispositions plus larges qui seraient édic-*

*tées par la législation d'un pays de l'Union en faveur des étrangers en général.*

L'article 19 pose en principe que les dispositions de la présente Convention n'empêchent pas de revendiquer l'application de dispositions plus avantageuses et plus libérales qui seraient édictées par les législations internes, c'est là un point sur lequel les auteurs étaient d'accord, et il n'est pas mauvais qu'il ait été inscrit dans le texte même de la Convention.

ART. 20.

*Les gouvernements des pays de l'Union se réservent le droit de prendre entre eux des arrangements particuliers, en tant que ces arrangements confèreraient aux auteurs des droits plus étendus que ceux accordés par l'Union, ou qu'ils renfermeraient d'autres stipulations non contraires à la présente Convention. Les dispositions des arrangements existants qui répondent aux conditions précitées restent applicables.*

Cet article est la fusion de l'article 15 de la Convention de 1886 et de l'acte additionnel de 1886, il pose en principe que les gouvernements des pays de l'Union se réservent le droit de prendre entre eux des arrangements particuliers en tant que ces arrangements auraient pour but de conférer aux auteurs des droits plus étendus que ceux résultant de la Convention même.

ART. 21.

*Est maintenu l'Office international institué sous te nom de* Bureau de l'Union internationale pour la protection des œuvres littéraires et artistiques.

*Ce Bureau est placé sous la haute autorité du gouvernement de la Confédération suisse qui en règle l'organisation et en surveille le fonctionnement.*

*La langue officielle du Bureau est la langue française.*

Art. 22.

*Le Bureau international centralise les renseignements de toute nature relatifs à la protection des droits des auteurs sur leurs œuvres littéraires et artistiques. Il les coordonne et les publie. Il procède aux études d'utilité commune intéressant l'Union et rédige, à l'aide des documents qui sont mis à sa disposition par les diverses administrations, une feuille périodique en langue française sur les questions concernant l'objet de l'Union. Les gouvernements des pays de l'Union se réservent d'autoriser, d'un commun accord, le Bureau à publier une édition dans une ou plusieurs autres langues, pour le cas où l'expérience en aurait démontré le besoin,*

*Le Bureau international doit se tenir en tout temps à la disposition des membres de l'Union pour leur fournir, sur les questions relatives à la protection des œuvres littéraires et artistiques, les renseignements spéciaux dont ils pourraient avoir besoin.*

*Le directeur du Bureau de Berne fait sur sa gestion un rapport annuel qui est communiqué à tous les membres de l'Union.*

Art. 23.

*Les dépenses du Bureau de l'Union internationale sont supportées en commun par les pays contractants. Jusqu'à nouvelle décision elles ne pourront pas dépasser la somme de 60 000 francs par année. Cette somme pourra être augmentée au besoin par simple décision d'une des conférences prévues à l'article 24.*

*Pour déterminer la part contributive de chacun des pays dans cette somme totale des frais, les pays contractants et ceux qui adhéreront ultérieurement à l'Union sont divisés en six classes contribuant chacune dans la proportion d'un certain nombre d'unités, savoir :*

| | | |
|---|---|---|
| 1re classe | 25 | unités. |
| 2e classe | 20 | — |
| 3e classe | 15 | — |
| 4e classe | 10 | — |
| 5e classe | 5 | — |
| 6e classe | 3 | — |

*Ces coefficients sont multipliés par le nombre des pays de chaque classe, et la somme des produits ainsi obtenus fournit le nombre d'unités par lequel la dépense totale doit être divisée.*

*Chaque pays déclarera, au moment de son accession, dans laquelle des susdites classes il demande à être rangé.*

*L'Administration suisse prépare le budget du Bureau et en surveille les dépenses, fait les avances nécessaires et établit le compte annuel qui en sera communiqué à toutes les autres administrations.*

ART. 24.

*La présente Convention peut être soumise à des revisions en vue d'y introduire les améliorations de nature à perfectionner le système de l'Union.*

*Les questions de cette nature, ainsi que celles qui intéressent à d'autres points de vue le développement de l'Union, sont traitées dans des conférences qui auront lieu successivement dans les pays de l'Union entre les délégués desdits pays.*

*L'administration du pays où doit siéger une conférence prépare, avec le concours du Bureau international, les travaux de celle-ci. Le Directeur du Bureau assiste aux séances des conférences et prend part aux discussions sans voix délibérative.*

*Aucun changement à la présente Convention n'est valable pour l'Union que moyennant l'assentiment unanime des pays qui la composent.*

Les articles 21, 22 et 23 sont relatifs à l'institution du Bureau de Berne, ils ne nécessitent aucun commentaire et reproduisent les dispositions déjà écrites dans la Convention de 1886 et le protocole de clôture.

L'article 24 a trait aux conférences de revision auxquelles la présente Convention peut être soumise, c'est la fusion de l'article 17 de la Convention de 1886 et du numéro 6, alinéas 5 et 6 du protocole de clôture.

ART. 25.

*Les États étrangers à l'Union et qui assurent la protection légale des droits faisant l'objet de la présente Convention peuvent y accéder sur leur demande.*

*Cette accession sera notifiée par écrit au gouvernement suisse et par celui-ci à tous les autres.*

*Elle emportera de plein droit adhésion à toutes les clauses et admission à tous les avantages stipulés dans la présente Convention. Toutefois elle pourra contenir l'indication des dispositions de la Convention du 9 septembre 1886 ou de l'acte additionel du 4 mai 1896 qu'ils jugeraient nécessaire de substituer, provisoirement au moins, aux dispositions correspondantes de la présente convention.*

Cet article a trait à l'accession de nouveaux Etats à la Convention, il comporte, comme l'article 27 relatif à l'échange des ratifications sur lequel nous nous sommes expliqué au début de ce travail, la possibilité pour les adhérents nouveaux, ou d'adhérer à toutes les clauses et conditions stipulées dans la présente Convention, ou de faire un choix entre celle-ci et les dispositions de la Convention de 1886 et de l'acte additionnel du 4 mai 1896.

Il est inutile d'insister sur les complications que peut entraîner l'article 25; le rapport du professeur Renault, tout en approuvant l'article, explique, pour le justifier, qu'on a cru nécessaire de le rédiger ainsi pour attirer à la Convention des adhésions nouvelles; il en constate lui-même les inconvénients en ces termes: « Ce ne sera pas évidemment une situation très simple, mais il faut espérer que les Etats n'abuseront pas de la faculté qui leur est offerte et que, peu à peu, ils arriveront à adopter, dans l'ensemble, les statuts de l'Union; il ne faut pas aller trop vite et laisser faire le temps. »

Nous craignons, quant à nous, que l'application de cet article 25, sans avoir le résultat espéré par le rapporteur, de provoquer beaucoup d'adhésions à l'Union, ait, du moins, pour inconvénient d'y introduire une condition voisine de l'anarchie.

ART. 26.

*Les pays contractants ont le droit d'accéder en tout temps à la présente Convention pour leurs colonies ou possessions étrangères.*

*Ils peuvent, à cet effet, soit faire une déclaration générale par laquelle toutes leurs colonies ou possessions sont comprises dans l'accession, soit nommer expressément celles qui y sont comprises, soit se borner à indiquer celles qui en sont exclues.*

*Cette déclaration sera notifiée par écrit au gouvernement de la Confédération suisse et par celui-ci à tous les autres.*

L'article 26 est relatif à l'accession à l'Union des colonies, il est la reproduction de l'article 19 de la Convention de 1886.

ART. 27.

*La présente Convention remplacera dans les rapports entre les États contractants, la Convention de Berne du 9 septembre 1886 y compris l'article additionnel et le protocole de clôture du même jour, ainsi que l'acte additionnel et la déclaration interprétative du 4 mai 1896. Les actes conventionnels précités resteront en vigueur dans les rapports avec les États qui ne ratifieraient pas la présente Convention.*

*Les États signataires de la présente Convention pourront, lors de l'échange des ratifications, déclarer qu'ils entendent, sur tel ou tel point, rester liés par les dispositions des Conventions auxquelles ils ont souscrit antérieurement.*

Les explications que nous avons déjà données sur cet article nous dispensent d'en faire ressortir à nouveau les inconvénients et les dangers; pourtant il convient de remarquer encore qu'il fait double emploi avec les restrictions dont on a entouré l'application de certains articles des plus importants.

Il peut paraître que, puisqu'on devait insérer l'article 27, on aurait pu dégager les principes de toutes les entraves qui en rendent l'application difficile et quelquefois illusoire.

ART. 28.

*La présente Convention sera ratifiée et les ratifications seront échangées à Berlin au plus tard le 1er juillet 1910.*

*Chaque partie contractante remettra, pour l'échange des ratifications, un seul instrument qui sera déposé avec ceux des autres pays aux archives du gouvernement de la Confédération suisse. Chaque partie recevra en retour un exemplaire du procès-verbal d'échange des ratifications signé par les plénipotentiaires qui y auront pris part.*

ART. 29.

*La présente Convention sera mise à exécution trois mois après l'échange des ratifications et demeurera en vigueur pendant un temps indéterminé, jusqu'à l'expiration d'une année à partir du jour où la dénonciation en aura été faite.*

*Cette dénonciation sera adressée au gouvernement de la Confédération suisse. Elle ne produira son effet qu'à l'égard du pays qui l'aura faite, la Convention restant exécutoire pour les autres pays de l'Union.*

Les articles 28 et 29 sont relatifs à la ratification et à la mise à exécution de la présente Convention. Il semble que les auteurs de la Convention aient prévu que l'échange des ratifications pourrait soulever quelques difficultés, car le délai accordé à cet effet est assez long; il n'expire que le 1er juillet 1910.

Quant à la mise à exécution de la Convention, elle aura lieu trois mois après l'échange des ratifications.

ART. 30.

*Les États qui introduiront dans leur législation la durée de protection prévue à l'article 7, alinéa 1er, de la présente Convention, le feront connaître au gouvernement de la Confédération suisse par une notification écrite qui sera communiquée aussitôt par ce gouvernement à tous les autres États de l'Union.*

*Il en sera de même pour les États qui renonceront aux réserves faites par eux en vertu des articles 25, 26, 27.*

L'article 30 oblige les Etats qui introduiront dans leur législation la durée de protection de cinquante ans prévue à l'article 7, alinéa 1er, à notifier, par l'intermédiaire de la Confédération suisse, cette modification de leur loi à tous les Etats de l'Union. Cette notification apparaît, en effet, comme nécessaire dans le système adopté, puisque c'est ce délai de cinquante ans qui, une fois adopté, s'appliquera pour les ressortissants des différents Etats de l'Union dans leurs rapports avec l'Etat dont la législation vient d'être modifiée. De même si les Etats qui auront ratifié la Convention avec des réserves croient pouvoir ultérieurement y renoncer, ils devront nécessairement le faire savoir.

Si, après avoir examiné ainsi, successivement, les différents articles du nouveau texte voté à Berlin, nous cherchons à en résumer l'esprit et les tendances, nous devons reconnaître qu'il dénote, de la part de ceux qui l'ont élaboré, un évident désir de progrès et d'amélioration et qu'il contient, à côté de dispositions extrêmement regrettables, comme celles concernant l'art appliqué, l'énonciation de principes qui, s'ils étaient adoptés, constitueraient incontestablement de réels progrès, tels que l'unification de la durée de protection fixée à cinquante ans *post mortem*, l'assimilation du droit sur la traduction au droit sur l'original, la suppression de l'obligation de la mention de réserve du droit d'exécution des œuvres musicales, le retour au droit commun pour les éditions musicales destinées aux instruments de musique mécaniques. Mais, certains aspects de la discussion et la faculté laissée aux contractants, en vue, évidemment, d'arriver à une solution et d'obtenir de leurs délégués l'acceptation du texte proposé, permettent de craindre, lors des ratifications, bien des surprises, et ce n'est qu'après l'échange des ratifications, c'est-à-dire trop tard en réalité pour y remédier, que l'on pourra se faire un jugement définitif sur la portée de la nouvelle Convention.

Il est peut-être regrettable qu'après un exposé des vues

des différentes délégations, la Conférence ne soit pas ajournée à l'exemple de ce qui s'est passé en 1897, à Bruxelles, pour la Convention d'Union pour la protection de la propriété industrielle, car on peut penser qu'après cet échange de vues et un délai suffisant leur permettant d'en référer à leurs gouvernements respectifs, les délégués des différents Etats auraient pu, dans une nouvelle réunion, arriver à l'élaboration d'un texte définitif ne présentant pas les difficultés, les contradictions et les incertitudes de celui qui vient d'être voté à Berlin.

A. TAILLEFER.



IMPRIMERIE DE J. DUMOULIN, A PARIS

www.ingramcontent.com/pod-product-compliance
Ingram Content Group UK Ltd.
Pitfield, Milton Keynes, MK11 3LW, UK
UKHW012123240726
13965UKWH00005B/1939